Karl Rahner

WORTE VOM KREUZ

KARL RAHNER

WORTE VOM KREUZ

Herder
Freiburg · Basel · Wien

Zweite Auflage

Umschlagbild:
Kreuz in der Kapelle des Priesterseminars Münster i. W.;
Osnabrücker Meister, um 1500 (Foto Alfred Kutschera)

Imprimatur. – Freiburg im Breisgau, den 27. Februar 1980
Der Generalvikar: Dr. Schlund
Satz: Zobrist & Hof AG, Pratteln
Druck und Einband: Freiburger Graphische Betriebe 1981
ISBN 3-451-18962-3

Vorwort

Die beiden Teile dieses Bändchens sind ursprünglich unabhängig voneinander entstanden. Die theologische Besinnung, die den ersten Teil bildet, war zuerst ein Vortrag, den ich Anfang dieses Jahres in St. Peter zu Köln hielt. Die Betrachtungen des zweiten Teils dieses Bändchens waren in einer kleinen Schrift enthalten, die erstmals 1949 unter dem Titel: „Heilige Stunde und Passionsandacht" erschien (Innsbruck) und die dann von 1955 an mehrere Auflagen im Verlag Herder erlebte. Da dieses Büchlein schon längst vergriffen ist, liegt eine (wenigstens teilweise) Neuauflage nahe.

Die theologische Besinnung des ersten Teiles und die betrachtenden Gebete des zweiten Teiles sind natürlich in ihrem „genus litterarium", in Stil und Gedankenführung voneinander verschieden. Dennoch passen beide Teile, so meine ich, letztlich doch zusammen. Auf den Grund dafür gehe ich am Ende des ersten Teiles ein.

München, März 1980 *Karl Rahner SJ*

Inhalt

I

Warum läßt uns Gott leiden?

Warum läßt uns Gott leiden? Daß diese Frage zu den fundamentalsten der menschlichen Existenz gehört, dürfte wohl nur selten bestritten werden. Es mag vielleicht da und dort einmal ein „Hans im Glück“ herumlaufen, der kein Verständnis für diese Frage hat. Aber ein solcher „Hans im Glück“ ist doch wohl die Ausnahme, und wir sind davon überzeugt, daß auch er über kurz oder lang vom Leid erreicht werden wird und auch er nicht mehr um diese Frage herumkommt, eine Frage, die allgemein lastend ist und die den innersten Kern unserer Existenz trifft. Und so soll am Anfang nur gesagt werden, daß unsere Frage keine leichte Frage einer müßigen Neugierde ist, die sich überall herumtreibt, ohne daß hier am Anfang die bittere Schwere dieser Frage in sentimentaler Lyrik weltschmerzlich beredet werden müßte.

1. Leid, ohne Unterscheidungen zu machen, betrachtet

Die Formulierung unserer Frage: Warum läßt uns Gott leiden? scheint mir nicht schlecht zu sein. Wenn man für einen Augenblick unter „Gott" die eine und ursprüngliche, alles tragende Wirklichkeit versteht, die die Frage nach Einheit und Sinn aller von uns erfahrenen oder erfahrbaren Wirklichkeiten überhaupt legitimieren kann, so daß uns die Frage nach Einheit, Sinn und Ziel aller Wirklichkeiten nicht von vornherein als sinnlose Frage verboten ist, dann ist auch bald klar, daß wir nicht nur fragen können und müssen, ob Leid sei, was es sei und woher es komme, sondern auch sofort fragen dürfen und müssen, warum *Gott* uns so leiden lasse.

Mit einer solchen durchaus ursprünglichen Frage ist doch noch nicht gleich vorentschieden, daß wir einen absolut festen Begriff von Gott an unsere Leidfrage herantragen; es bleibt durchaus die Möglichkeit offen, daß wir bei dieser unserer Frage beim Versuch ihrer Beantwortung erst einen einigermaßen richtigen Gottesbegriff erreichen, der uns außerhalb unserer Frage gar nicht zugänglich wäre.

Wenn wir weiter in dieser Frage formulieren: Warum *läßt* Gott uns leiden, so scheint mir auch diese Formulierung empfehlenswert zu sein, weil sie verschiedene wirkliche oder denkbare Möglichkeiten des Verhältnisses Gottes zu unserem Leid absichtlich ohne Differenzierung zusammenfassend übergreift, also diesbezüglich traditionelle Unterscheidungen, wie zum Beispiel zwischen Zulassung und Bewirkung, nicht macht. Und zwar mit Recht. Es soll zwar selbstverständlich die Legitimität, das heißt Sachbegründetheit einer solchen Unterscheidung, vor allem zwischen Bewirkung und Zulassung, nicht bestritten werden, weil eine Respektierung der absoluten Heiligkeit und Güte Gottes uns verbietet, die Schuld der freien Kreatur und das daraus entspringende Leid in einfach derselben Weise auf Gott zurückzuführen, wie dasjenige Leid, das mindestens zunächst und zuletzt nicht aus einer kreatürlichen Schuld entspringt und doch in der Welt ist.

Aber auch wenn man die Legitimität dieser traditionellen und unvermeidlichen Unterscheidung unangetastet läßt, so kann und muß doch hier schon gesagt werden, daß diese Unterscheidung letztlich zweitrangig ist und uns nicht verbietet, in ein und derselben Frage nach der Beziehung Gottes zu allem und jedem Leid auf einmal zu fragen. Denn, was heißt: „Zulassung", wenn diese von einem Gott ausgesagt wird, der schlechthin von aller Wirklichkeit Grund und Ursache ist, der auch noch einmal in absoluter, von niemandem und von nichts irgendwie eingeschränkter Souveränität seiner Freiheit und Macht alle kreatürliche Freiheit umfaßt und an dieser keine Grenze findet, was doch gerade (vielleicht selbstverständlicher, als es wirklich ist) seit Augustin von allen klassischen Schulen der christlichen Theologien radikaler ausgesagt wird, als es einem vulgären Denken über das Verhältnis von Gott und Welt entspricht?

Was heißt: „Zulassung", wenn gerade nach der Theologie der klassischen Schulen über das Verhältnis göttlicher und menschlicher Freiheit kein Zweifel darüber sein kann, daß Gott, ohne irgendwie die Freiheit der Kreatur anzutasten oder zu verringern, dennoch in seiner Prädestination der kreatürlichen Freiheit verhindern könnte, daß sich in der Welt faktisch Schuld als Nein zu seinem heiligen Willen ereigne, wenn es letzlich gegen die klassische theologische Metaphysik ist, mit einer weitverbreiteten vulgären Apologetik zu behaupten, Gott *müsse* auch Schuld in seiner Welt „zulassen", wenn er, was ihm doch zustehe, kreatürliche Freiheit in seiner Welt haben wolle.

Es ist hier an diesem Punkt letztlich gleichgültig, ob diese klassisch theologische Metaphysik hierin adäquat richtig sieht oder eben doch einiges übersehen hat. Gerade von ihr her läßt sich *nicht* sagen, es bestehe ein unlöslicher Zusammenhang zwischen von Gott gewollter Freiheit in der Welt und faktischer Schuld der Kreatur. Gibt es diesen nicht, dann mag die Unterscheidung zwischen Zulassung und Bewirkung von etwas durch Gott immer noch einen Sinn haben. Aber durch diese Unterscheidung ist die Frage, wie und warum

Gott Schuld und so das damit gegebene Leid zulassen könne, nicht beantwortet. Für uns rücken Bewirkung und Zulassung angesichts der allmächtigen Freiheit Gottes, die unbegrenzt ist, so nahe zusammen, daß wir ruhig fragen können: Warum läßt uns Gott leiden, ohne daß wir bei diesem „Lassen Gottes" zwischen Zulassen und Bewirken von vornherein unterscheiden müßten.

Wir sind immer noch bei einer vorläufigen Prüfung unserer Frage selbst. Diesbezüglich muß nun drittens gefragt werden, ob die Frage sinnvoll alles das, was man Leid nennen kann, unter *einen* Begriff und unter ein Wort bringt. Sicher sind dann höchst verschiedenartige Wirklichkeiten unter einen Begriff subsumiert, was gewiß immer höchst gefährlich ist. Man muß ja, ohne die letztlich unentwirrbare Verflechtung der verschiedenartigsten Wirklichkeiten in der Welt zu leugnen, gewiß nüchtern unterscheiden zwischen dem Leid, das *mit* und *in* der freien Schuld des Menschen schon gegeben ist oder aus ihr entspringt, einerseits, und all den Vorkommnissen andererseits, die leidvoll sind, ohne daß sie in unserer nüchternen Alltagsempirie auf schuldhafte Freiheit des Menschen zurückgeführt werden können und eben doch den größeren Teil des Leides in der Welt ausmachen, zumal sie weithin sehr eindeutig auch noch Mit-Ursache und Voraussetzung desjenigen moralischen Übels in der Welt sind, das dann selber wieder Leid ist und bewirkt. Weil somit Schuld aus kreatürlicher Freiheit, die nie absolut ist, selber wieder von sich aus in unlösbarer und unabgrenzbarer Weise mit anderem Leid verflochten ist, weil es mit anderen Worten sich gar nicht selber allein erklärt, da es (wie später nochmals genauer zu sagen sein wird) auf das Geheimnis Gottes und das Geheimnis anderen, schuldlosen Leides verweist. Darum hilft natürlich auch eine Berufung auf *andere* kreatürliche Freiheit, etwa der „Engel" und „Dämonen" letztlich nicht weiter, selbst wenn sie in sich eine Berechtigung haben sollte. So ist unsere Grundfrage begründet, wenn sie sämtliches Leid, ohne Unterschiede darin deshalb zu leugnen, zusammenfaßt: Wie kann Gott uns leiden lassen?

2. *Gläubig nach dem Leid gefragt*

Wenn wir bedenken wollen, wie diese Frage nun beantwortet werden könnte, müssen wir zunächst die Antworten prüfen, die man auf diese Frage zu geben pflegt. Entsprechend unserer Frage selbst prüfen wir hier und jetzt natürlich nur solche Antworten, die im Rahmen einer *theistischen* Weltanschauung überhaupt in Frage kommen. Es interessiert uns also hier nicht, was ein dezidierter Atheist, was ein skeptischer Positivist, was ein Denker sagen würde, für den die Welt von vornherein und auch in ihrer letzten Wurzel in einem absoluten Dualismus von Gut und Böse existieren würde. Ebensowenig berücksichtigen wir hier eine Geisteshaltung, nach der die Koexistenz von Licht und Finsternis, Tag und Nacht, Gut und Böse von vornherein eine Selbstverständlichkeit wäre, die keiner Aufklärung und Rechtfertigung bedürfte, so daß das sogenannte Böse von vornherein als *notwendige* Dialektik zum Guten gar nicht jenen Protest hervorrufen dürfte, die aber doch gerade der Theist im Namen eines unendlich guten Gottes gegen das Leid erhebt.

Innerhalb des Rahmens einer theistischen Grundüberzeugung sind immer noch mehrere Antworten auf unsere Grundfrage denkbar. Keine von ihnen, das soll betont werden, muß sinnlos sein oder eine andere Antwort schlechthin ausschließen. Die Frage ist nur, ob diese traditionellen Antworten letztlich genügen oder eben doch keine Lösung der Grundfrage bieten. Sehen wir zu.

3. Leid, eine List, um mehr Leben zu haben?

Ein erster Versuch zur Beantwortung unserer Frage geht, mehr oder weniger deutlich artikuliert, in die Richtung, das Leid als eine mehr oder weniger unvermeidliche Begleiterscheinung bei einer pluralistischen und in Entwicklung befindlichen Welt zu verstehen. So wird hier gedacht:

Es ist, genau besehen, gar nicht so schlimm in der Welt. Sie besteht nun einmal aus vielen komplexen Wirklichkeiten, die sich nicht von vornherein reibungslos ineinanderfügen. Im Biologischen gehört nun einmal der Kampf ums Dasein hinzu, er ist unvermeidlich, und es gibt keinen ernsthaften Grund zu lyrischen Trauergesängen, weil der Karpfen den Stichling schluckt und u. U. bei Insekten das Weibchen nach der Begattung das Männchen frißt. Leid ist hier nur eine alberne Interpretation *des* Biologischen, das notwendig ist, und von sich aus mit solcher Interpretation nichts zu tun hat. Was wir in diesem Bereich Schmerz und Tod nennen, sei nur der Trick der Natur, ihre List, um mehr Leben zu haben. So sei im letzten Verstand aber auch das moralische Böse und das mit ihm gegebene Leid zu verstehen. Auch es bedeute nur die Reibungserscheinungen, die mit Geist, Freiheit und moralischer Entwicklung notwendig gegeben sind. Das Böse sei doch nur das noch nicht zur Vollendung gekommene Gute oder der unvermeidliche Tribut, den der endliche Geist nun einmal seinen materiellen Grundlagen, auf denen er aufruht und die er benützen müsse, zu bezahlen habe. Das Böse sei letztlich doch nur auf das sonstige sogenannte Leid in der materiellen Welt zurückzuführen, aus Vererbung, gesellschaftlichen Verhältnissen, psychischen Fehlleitungen, schlechter Erziehung usw., restlos zu erklären. Durch eine adäquate Aufklärung könne im Grunde das physische und moralische Leid so verstanden und erklärt werden, daß ein ernsthafter Protest dagegen entlarvt werde als törichte Überziehung der Ansprüche, die ein materiell bedingter Geist ernsthaft an die Wirklichkeit stellen könne. Man müsse eben nüchtern die Grenzen des Möglichen sehen und nicht zu anspruchsvoll sein. Dann lasse sich schon begreifen, daß Gott eine sehr gute Welt geschaffen habe, und man könne dann die Frage, ob diese Welt die denkbar beste sei, auf sich beruhen lassen.

Was ist zu dieser ersten Deutung des Leides in der Welt, die gleichzeitig eine Rechtfertigung des Schöpfer-Gottes sein soll, zu sagen? Es ist nicht alles einfach oberflächlich und dumm, was da gesagt wird. Und mancher, der von Protesten gegen diese finstere Welt und das eigene schreckliche Dasein gequält wird, sollte diese Antwort ernsthafter bedenken und sich fragen, ob sein Protest nicht durchwaltet sei von einer egoistischen Selbstüberschätzung, die selber Leid schafft, indem sie meint, ein ihr auferlegtes Leid zu beklagen.

Aber letztlich ist diese erste Antwort doch ungenügend und sogar oberflächlich. Sehen wir entsprechend der Begrenzung unserer Fragestellung von der Frage ab, wie Schmerz und Tod in der Dimension des rein Biologischen an sich selber zu beurteilen sei. In dieser Dimension als solcher allein mag mancher Protest gegen das Leid unangebracht sein. Darüber soll hier nicht geurteilt werden, selbst wenn uns das Seufzen der außermenschlichen Kreatur, von der Paulus spricht, zu denken geben und zur Vorsicht mahnen kann. Aber schon insofern diese physisch-biologischen Widersprüche in die Dimension der geistigen Personalität und Freiheit hineinragen, scheitert diese erste Antwort.

Natürlich ist vieles im Bereich der Freiheit und der personalen Geschichte bedingt oder mitbedingt durch das Materielle und

Biologische, und zwar in einem Ausmaß, das man kaum überschätzen kann. Aber eben daß der Vollzug des Geistes, der Freiheit und der personalen Entscheidung so materiell bedingt ist, ist doch ein Problem, das mit der Feststellung dieser Bedingtheit noch nicht gelöst ist. Es soll Freiheit sein, Selbstbestimmung, unwiederholbare Einmaligkeit. Was so sein will, gerät, um so zu sein, in den anonymen Zwang des biologisch Notwendigen und allgemein Gesetzlichen, will Geist in einmaliger Freiheit sein und wird Materie unter allgemeinem Zwang. Dieser Schmerz wäre nur dann beseitigt und erklärt, wenn sich der Geist als sekundäre Erscheinungsform des Materiellen verstehen könnte. Das aber ist unmöglich.

Fernerhin läßt sich das Leid aus der Geschichte der Freiheit nicht verharmlosen. Es kann nicht adäquat zurückgeführt werden auf jene Härten, die aus dem Materiellen selber kommen. Die Freiheit erzeugt als solche selber Leid und Schmerz und Tod. Man mag sich Sein und Würde der Freiheit auch ohne Leid in paradiesischer Harmonie denken können. Aber die faktische Freiheit als solche hat unermeßliches und namenloses Leid erzeugt, das sie nicht auf das Materielle und Biologische abwälzen kann.

Die Schuld, die den Marsch in die Gaskammern von Auschwitz zu verantworten hat, läßt sich nicht auflösen in die Phänomene, durch die der Zug von Wanderameisen, der in einen Abgrund stürzt, hervorgerufen wird. Das Böse ist nicht nur ein komplizierter Fall des biologischen Unangenehmen und desjenigen Sterbens, das überall herrscht. Der ungeheuerliche Protest, der aus der Weltgeschichte sich erhebt, ist nicht einfach der verstärkte Lärm, der ein im Grunde selbstverständliches Leben und Sterben immer und überall begleitet.

Wer so den Schmerz in der Weltgeschichte verharmlosen würde, verrät die Würde der Person, der Freiheit und des absoluten Imperativs des Sittlichen und wird nur so lange auf diese billige Weise mit dem Leid und Tod in der Menschheitsgeschichte fertig, als ihn dieses Leid doch noch erst von Ferne berührt. Es gibt gewiß Stoiker, die einer solchen verharmlosenden

Theorie des Schmerzes und des Todes anhangen und doch mit gefaßter Würde in den Tod gehen. Aber dann leben sie, ob sie es reflektieren oder nicht, aus einem tieferen Daseinsverständnis, als es diese Theorie ergreift.

4. Leid, ein Preis der Freiheit?

Eine zweite, für sich allein nicht genügende Deutung des Leides in der Welt sucht dieses ausschließlich aus der kreatürlichen Freiheit herzuleiten und zu erklären. Leid, Schmerz und Tod seien immer und überall und in jeder Beziehung Wirkung und Erscheinung der bösen Entscheidung der kreatürlichen Freiheit und sonst nichts. Eine kühne Theorie. Sie ist dann nicht von vornherein absurd, wenn man eine kreatürliche Freiheit mit einkalkuliert, die nicht identisch ist mit der menschlichen Freiheit, und eine Geschichte geschaffen hat, die *vor* der Menschheitsgeschichte, ja vor der biologischen Naturgeschichte dieser Erde liegt und die Eigenart dieser Naturgeschichte und der

Menschheitsgeschichte von vornherein mitbestimmt und leidvoll gemacht hat. Ohne diese Hypothese, die in verschiedenen Variationen in der christlichen Denkgeschichte oft gemacht wurde, wäre wohl eine adäquate Herleitung allen Leides aus der kreatürlichen Freiheit allein nicht denkbar.

Freilich gibt es auch einen Versuch, mindestens alles menschliche Leid aus der menschlichen Freiheit allein ohne Rekurs auf eine über- und vormenschliche Freiheitsgeschichte abzuleiten, insofern traditionell gesagt wird, daß vor einer menschlichen Freiheitsentscheidung am Anfang der Geschichte der Mensch nicht habe sterben müssen und in einer paradiesischen Leidfreiheit existiert habe, so daß doch die These aufrechterhalten werden könne, daß alles Leid bei uns letztlich restlos aus der Freiheit (eben des Menschen) stamme.

Wenn wir zunächst einmal von der Problematik all der Voraussetzungen absehen, die von diesen beiden Spielarten einer solchen Grundtheorie gemacht werden, dann hat diese Theorie etwas großartig Verführerisches an sich. Sie stellt sich gewissermaßen vor die Herrlichkeit und Güte Gottes und sagt dem Menschen (oder der freien Kreatur überhaupt): Du allein, du ganz allein, bist an all dem Entsetzlichen der kreatürlichen Geschichte schuld, du, durch deine Freiheit; durch deine Freiheit, deren Entscheidung du per definitionem auf niemand anderes und erst recht nicht auf Gott abwälzen kannst. Kreatürliche Freiheit wird so irgendwie als schlechthin absolut und in ihrer Entscheidung unableitbar gesetzt. Und dann ist es klar, daß die heilige Güte Gottes nicht in ihrem seligen Glanz gefährdet ist durch den Verzweiflungsschrei, der der bösen Entscheidung kreatürlicher Freiheit unvermeidlich nachfolgt.

Aber (wir haben dieses Problem schon am Anfang kurz berührt) die Freiheit der Kreatur ist für ein wirklich christliches Verständnis nicht so absolut und unableitbar, wie in dieser stolzen Konzeption der Freiheit der Kreatur vorausgesetzt wird. Solche Freiheit will sich nicht nehmen lassen, daß es in der Welt nicht doch etwas von Gott letztlich Unabhängiges gäbe, nämlich ihre Entscheidung selber, die sie ganz allein in einer absolut ungeteilten Verantwortung auf sich nehme. Eine solche Freiheit gibt es aber nach christlichem Verständnis nicht.

5. Leid, auch von der Freiheit her nicht zu durchschauen

Die Freiheit der Menschen und der Engel ist eine geschaffene Freiheit, in ihrer Existenz und ihrem Sosein immer und überall getragen von der souveränen Verfügung Gottes, im Vermögen und im Akt, im Können und in der konkreten Entscheidung. Wir mögen nicht durchschauen, wie wahre kreatürliche Freiheit so gegeben sei mit ihrer Unabwälzbarkeit ihrer Entscheidung *und* zugleich mit der Unentrinnbarkeit dieser Freiheit aus der Souveränität Gottes, in der Gott diese kreatürliche Freiheit trägt und in ihre Freiheit setzt, aber so gerade nicht seine Souveränität mit der kreatürlichen Freiheit teilt. Das ändert nichts daran, daß unsere Freiheit restlos in Gottes souveräner Verfügung umfangen ist.

Man wird mit Recht die bleibende Herkünftigkeit unserer Freiheitsentscheidungen differenzieren, je nachdem diese gut oder böse sind. Man kann innerhalb der katholischen Theologie die verschiedensten Theorien entwickeln, wie diese Rückbezogenheit unserer Freiheitsentscheidungen auf die Verfügung Gottes genauer begrifflich zu fassen und zu deuten sei. Man kann aber auch von vornherein, und zwar grundsätzlich, vor solchen Versuchen verstummen und eine grundsätzliche Unmöglichkeit einer weiteren Auflösung dieses Problems für uns hier und jetzt behaupten. All das ändert nichts an der Grundüberzeugung aller christlichen Theologie davon, daß eine reine Absolutsetzung und Autonomie unserer Freiheit dem christlichen Gottesverständnis widerspricht.

Wir sind frei, wir können die Verantwortung für unsere Freiheitsentscheidungen nicht auf Gott abwälzen. Aber eben diese unsere Entscheidungen sind noch einmal restlos umfaßt von der Verfügung Gottes allein, die nur in ihm und in sonst gar nichts ihren Grund hat. Es gelingt uns nicht – wie alle Versuche der verschiedenen katholisch zulässigen Gnadensysteme zeigen –, die Aussage, daß wir unsere Freiheitsentscheidungen als unsere eigenen nicht auf Gott abwälzen können, und die Aussage, daß auch diese noch einmal innerhalb der Verfügung Gottes stehen (mag man diese Verfügung Bewirkung oder Zulassung heißen müssen), in eine höhere Synthese hineinzuversöhnen. Das ändert aber nichts daran, daß auch unsere Freiheitsentscheidung als solche nochmals in jeder Hinsicht bis in ihre letzte Faser von Gott abhängig ist.

Wenn aber dem so ist im Namen des christlichen Gottesbegriffes als solchen, dann ist der Satz, das Leid stamme aus der Freiheit, kein letzter und endgültiger Satz, sondern eine Auskunft, die, so wichtig sie sein mag, selber wieder hineinverschwindet in das Geheimnis der souveränen Freiheit Gottes selbst. Und wenn wir in Wahrheit bekennen müssen, daß wir verantwortlich sind, ohne aus dieser Verantwortung uns noch einmal herausstehlen zu dürfen, dann bleibt es eben doch noch einmal wahr, daß diese unsere bleibende Verantwortung von Gott selbst verantwortet werden muß und verantwortet werden wird, auch wenn wir nicht wissen, wie das möglich ist.

Antworten wir also mit dem Hinweis auf unsere Freiheit auf die Frage, warum Gott uns leiden lasse, dann ist, mindestens weiterhin, diese Antwort richtig und darf nicht abgeschafft werden, ist aber keine letzte. Es ist uns verboten, mit dieser Antwort uns zufriedenzugeben, und es ist uns verboten zu meinen, wir hätten darüber hinaus eine Antwort, die uns einleuchtet. Wenn aber dem so ist, dann ist eigentlich die Frage, wie weit die Zurückführung des Leides der Welt auf die kreatürliche Freiheit der Menschen und eventuell der Engel und Dämonen reiche, und wie weit es eben doch Leid gebe, das Leid des Menschen sei und doch nicht der bösen Freiheit entspringe, mehr oder weniger nur eine Frage theoretischer Neugierde, deren Beantwortung an unserer existentiellen Situation nichts ändert.

Ob wir so oder anders auf diese Frage antworten würden, die Antwort bliebe in jedem Fall eine vorläufige und verlöre sich in jedem Fall in der Unbegreiflichkeit Gottes und seiner Freiheit. Darum brauchen wir hier all die Fragen nicht weiter zu behandeln, auf die wir vorhin gestoßen sind. Für unsere Frage ist es im letzten gleichgültig, ob unser Kosmos die Spuren einer Katastrophe in der Freiheitsgeschichte von Engeln an sich trage, ob und wie vor der Schuld der Menschheit diese in einem Paradies gelebt habe, in welchem Sinne der Tod als Sold der Sünde verstanden werden könne usw. – Solche Fragen mögen uns auch durch ein christliches Selbstverständnis aufgegeben werden. Hier aber können sie auf sich beruhen, weil sie sicher nicht die letzte Antwort auf unsere eigentliche Frage hergeben können.

6. *Leiden, um zu reifen?*

Eine dritte traditionelle Antwort auf unsere Frage geht dahin, daß Gott uns leiden lasse, um uns zu prüfen und um zu reifen: Leid ist die notwendige Situation, in der erst der reife Mensch der Geduld, der Hoffnung, der Christus-Förmigkeit, der Weisheit heranreifen könne. Wir brauchen hier diese dritte Antwort nicht weiter zu entfalten. Sie hat eine große Wahrheit in sich, die hier gewiß nicht bagatellisiert oder verdunkelt werden soll. Und unter der Voraussetzung, daß es eben nun einmal Leid in jedem und in der Umwelt von jedem gibt, kann und muß diese dritte Antwort als echter und verpflichtender Imperativ an den einzelnen verstanden werden: Lebe so, daß das dir und deiner Umgebung auferlegte Leid dich in deiner letzten Haltung auf Gott nicht zerstöre in Verzweiflung hinein, sondern dich vollende, auch wenn dieser Reifungsprozeß durch alle Abgründe des Sterbens und des Todes mit Jesus führen sollte.

Aber diese dritte Auskunft beantwortet unsere eigentliche Frage eben doch nicht. Nicht nur nicht, weil es in der Welt entsetzlich viel Leid gibt, dem nur ein frommer Schwindel von ferne einen solchen humanen Effekt andichten könnte. Die von Napalbomben verbrannten Kinder haben dadurch keinen humanen Reifungsprozeß durchgemacht. Auch sonst gibt es in unzähligen Fällen Leid, das bei allem guten Willen, es human und christlich zu bestehen, zerstörerisch wirkt, den Menschen einfach überfordert, seinen Charakter verbiegt und beschädigt, ihn nur noch mit der primitivsten Daseinsnot beschäftigt sein läßt, ihn dumm oder böse macht. Man könnte beinahe verzweifelt sagen, Leid als Mittel der menschlichen und christlichen Reifung könne sich nur die schöne Seele leisten, die ferne von *eigentlicher* Not introvertiert eine solche Seelenkosmetik betreiben könne. Das ist auch wieder einseitig und ungerecht gesagt und verkennt die Weite der Möglichkeiten der Bewältigung eines schrecklichen Daseins in Glaube, Hoffnung und Liebe.

Aber das alles ändert eben doch nichts an der Tatsache, daß es unendlich vielfältiges, entsetzliches Leid in der Geschichte der Menschheit gibt bis zu dem dunklen Los der unmündig sterbenden Kinder und den in Altersschwachsinn verdämmernden Greisen, das nicht in einen Prozeß der Reifung und personalen Bewährung integriert werden kann. So bleibt auch diese dritte Auskunft unzureichend.

Hinzu kommt, daß man sich nüchtern

und ehrlich fragen kann, ob denn nicht doch eine weniger leidvolle Situation die Menschheit auch sittlich besser würde reifen lassen. Wie könnte man beweisen, daß wirklich echtes Glück zwangsläufig den Menschen verweichlichen und verderben lassen müsse? Grundsätzlich gesehen ist leidfreie Situation an sich die auch sittlich bessere. Die christlichen Aszeten sind da oft nicht ganz konsequent: sie sagen, daß das Leid aus der Sünde entspringe, und preisen emphatisch – und ein wenig vom grünen Tisch her – diese leidvolle Situation als das echte Klima, in dem die christlichen Tugenden gedeihen. Natürlich sind solche christlichen Imperative unter der schon gegebenen Voraussetzung, daß es Leid gibt, durchaus sinnvoll und heilsam und verweisen mit Recht in die Nachfolge des gekreuzigten Christus. Aber damit ist die Frage, warum Gott uns auch in Leiden leiden lasse, die diese human-pädagogische Funktion gar nicht haben können (und solche gibt es unzählige), nicht beantwortet. Die schrecklichsten Leiden haben eine solche Funktion überhaupt nicht, sind Grausamkeiten der

Natur, die unsere moralischen Möglichkeiten weit übersteigen.

7. Leiden müssen, um ewig zu leben?

Ein vierter Versuch, unsere Grundfrage zu beantworten, besteht im Verweis auf das ewige Leben nach dem Tod und unserer leidvollen Geschichte. Es soll gewiß dieser Verweis nicht abgewertet werden durch die törichte Behauptung, er beinhalte nur ein zweifelhaftes Analgetikum, das Opium des Volkes und für das Volk.

Wir Christen sind gewiß die, die in einer tapferen Hoffnung, die nur Gottes Gnade geben kann, Ausschau halten nach dem ewigen Leben ohne Tod, Schmerz und Tränen. Aber dieser Verweis ist keine Antwort auf unsere Grundfrage. Denn niemand kann beweisen, daß dieses Leid das absolut notwendige Mittel für dieses ewige Leben sei, daß der Tod unter allen Voraussetzungen das einzige Tor des Lebens sei. Die christliche Überlieferung sagt ja, daß der Tod nicht hätte sein müssen. Daß aber die

Sünde, die den Tod bewirken soll, selber unvermeidlich sei oder nicht letztlich eben doch eine unbeantwortete Frage an Gott selbst bedeute, das kann man eben auch nicht sagen.

Wenn man überdies nicht einfach billig durch das ewige Leben die grauenvolle Geschichte wegwischen lassen kann, als ob sie nie gewesen wäre, dann rechtfertigt eben ein primitiv gedachter künftiger Glückszustand nicht, was vorher an Schrecklichem geschehen ist. Und wie aber ist das ewige Leben zu denken, damit man darin selig an die Qual der Geschichte denken kann? *Diese* Frage ist doch mindestens noch offen. Wie schließt man die Versuchung aus, die Eintrittskarte für das ewige Leben zurückzugeben, wenn dieses ewige Leben ja nicht in einem Vergessen der Geschichte bestehen kann, das die Identität des Seligen mit seiner Existenz in der Geschichte aufheben würde? Kurz: Weil das ewige Leben durchaus denkbar ist ohne das Mittel des Leides, kann es zwar als Überwindung des Leides gedacht werden, legitimiert es aber nicht.

8. Das Leid, so unbegreiflich wie Gott selbst

Was sollen wir also sagen? Finden wir keine Rechtfertigung des Leides in der Geschichte des Menschen? Müssen wir unsere Grundfrage einfach unbeantwortet stehen lassen? Fangen wir unsere Überlegungen nochmals aufs neue von einem ganz anderen Ausgangspunkt an.

Gott, so bekennt der christliche Glaube, ist das unbegreifliche Geheimnis. Jetzt und in alle Ewigkeit, auch dann noch, wenn wir ihn von Angesicht zu Angesicht schauen werden. Auch dann wird der schreckliche Glanz der unbegreiflichen Gottheit bleiben, unverhüllt und ewig. Er wird nur, wenn wir so sagen dürfen, erträglich sein, wenn wir Gott *lieben* und in *dieser* Liebe, die Gott bejaht, so wie er ist, bedingungslos und selbst-los existieren; das nie umgreifbare und nie durchschaubare Geheimnis des unendlichen Gottes kann nur im Akt seiner selbstlosen Bejahung unsere Seligkeit sein. Außerhalb einer solchen Liebe, in der der Mensch sich selbst verläßt, um nie mehr eigentlich zu sich selbst zurückzukehren, wäre nur der Akt eines radikalen Protestes, daß wir selber nicht Gott sind und auch nicht mit ihm fertig werden, der einzig sinnvolle Grundakt unserer Existenz, der Akt, der die Hölle ausmacht. Diese den Menschen selbstlos in Gottes Geheimnis hinein enteignende Liebe ist außerhalb ihrer selbst nicht rechtfertigbar, sowenig wie das Geheimnis Gottes, dem sie den Menschen übergibt.

Dieses Geheimnis der Unbegreiflichkeit Gottes ist aber nicht bloß das Geheimnis eines statisch zu denkenden Wesens, sondern ist auch das Geheimnis der Freiheit, der unableitbaren Verfügung Gottes, die sich vor keiner anderen Instanz rechtfertigen muß. *Dieser* also übergibt sich der Mensch auch, wenn er Gott im ewigen Leben von Angesicht zu Angesicht liebt und sich bedingungslos seiner Unbegreiflichkeit überläßt. Gott in seiner Freiheit wird geliebt, Gott selber und nicht nur das, was wir durch die in Ewigkeit immer nur vorläufige Einsicht uns von ihm für uns angeeignet haben. Erst die Erkenntnis, die sich selbst in Liebe aufhebt, letztlich nicht mehr aneignet, wie sonst das Erkannte angeeignet wird, sondern übereignet, liebend sich verliert in der Unbegreiflichkeit Gottes und darin und nicht anders ihre Vollendung, ihr eigentliches Wesen erkennt, ist die Erkenntnis, die selig und frei macht, eben indem sie selbstlose Liebe wird, das unbegreifliche Wunder, das zu tun dem Menschen aufgegeben ist; ihm, der das Subjekt zu sein scheint, das per definitionem egoistisch, auf sich selbst zentriert ist.

Wenn wir dies bedenken, erscheint unsere Grundfrage unter ganz anderen Aspekten. Ihre bisher festgestellte Unbeantwortbarkeit ist dann nicht mehr der möglichst rasch zu beseitigende Skandal in unserer Existenz, der möglichst deutlich aufgeklärt werden muß, sondern ist ein Moment an der Unbegreiflichkeit, die unser ganzes Dasein durchdringt, herausfordert und für sich beansprucht. Die Unbegreiflichkeit des Leides ist ein Stück der Unbegreiflichkeit Gottes. Nicht in dem Sinne, daß wir sie als notwendig und von da als dennoch aufgeklärt aus etwas anderem, was wir von Gott wissen, ableiten könnten. So wäre sie ja gar nicht unbegreiflich. Aber gerade als wirklich und für ewig unbegreiflich ist das Leid eine wirkliche Erscheinung der Unbegreiflichkeit Gottes in seinem Wesen und in seiner Freiheit. In seinem Wesen, weil wir ja trotz der Fürchterlichkeit, der (so könnten wir sagen) Amoralität des Leidens (der Kinder und der Unschuldigen zumindest) die reine Güte Gottes zu bekennen haben, die aber eben nicht vor unserem Tribunal freigesprochen werden muß. In seiner Freiheit, weil auch gerade sie, wenn sie das Leid der Kreatur will, darum unbegreiflich ist, weil die heiligen Ziele dieser das Leid wollenden Freiheit diese Ziele auch ohne das Leid erreichen könnte. Das Leid ist also die in sich noch einmal unableitbare Erscheinungsform der Unbegreiflichkeit Gottes selbst.

Man könnte höchstens sagen, ohne damit noch einmal ein zwingendes System von Voraussetzungen und Folgerungen behaupten zu wollen, daß konkret für uns das Leid insofern innerhalb unserer geschichtlich erst sich vollziehen müssenden Existenz in

Freiheit unvermeidlich ist, als ohne es Gott als unbegreifliches Geheimis, mit dem wir doch jetzt schon zu tun haben müssen, nicht ernsthaft gegeben wäre, sondern ein abstraktes Theorem bliebe, das in der Konkretheit unseres Lebens uns nicht weiter behelligen würde. Es ist in der Praxis unserer Existenz eben doch so, daß die Annahme Gottes als des unverfügbaren Geheimnisses und die schweigende Annahme der Unerklärlichkeit und Unbeantwortbarkeit des Leides derselbe Vorgang sind. Theoretisch könnte man vielleicht sagen, daß die Unzurückführbarkeit einer freien Verfügung Gottes, die nur in sich selbst und in ihrer liebenden Annahme durch uns ohne Rückführung auf etwas anderes verständlich wird – verständlich in Liebe, nicht in Theorie –, auch schon eine Übung der absoluten Ergebung in das Geheimnis Gottes sei, wenngleich diese freie Verfügung Gottes nicht eigentlich mit Leid gleichbedeutend würde. Aber man könnte ebensogut sagen, daß eine solche Kapitulation vor der Freiheit Gottes ohne die Forderung, sie müsse sich durch etwas anderes als sich selbst rechtfertigen, auch schon in einem sublimen Sinne Schmerz bedeute, dem gegenüber Leid in einem mehr physisch-biologischen Sinne letztlich verblassen müsse, zumal subjektiv interpretierende Einschätzung eines Schmerzes und seine wirkliche Tiefe, Oberflächlichkeit oder Radikalität mindestens vorläufig bei uns nicht identisch sind. So könnte in einem sublimen Sinne der ekstatische Ausbruch des kreatürlichen Subjektes aus sich selbst, um sich bedingungslos der Freiheit Gottes zu übergeben, schon in Wahrheit auch Schmerz bedeuten, mit dem auf jeden Fall die Seligkeit, von sich losgekommen zu sein, bezahlt werden muß, so daß, was wir sonst als Leid einschätzen, doch nur das Analogon davon auf einer niedrigeren Seinsstufe wäre.

Wie dem auch sein mag, in unserer konkreten Verfassung ist die Annahme des Leides ohne eine Antwort, die von der Unbegreiflichkeit Gottes und seiner Freiheit verschieden wäre, die konkrete Weise, in der wir Gott selbst annehmen und Gott sein lassen. Wo unmittelbar oder mittelbar diese unbedingte Annahme der Unbegreiflichkeit des Leides nicht gegeben ist, kann im Grunde nur die Bejahung unserer eigenen Gottesidee, nicht aber die Bejahung Gottes selber geschehen.

9. *Uns selbst Gott als Antwort geben*

Walter Dirks erzählt von seinem Besuch bei Romano Guardini, der schon von seiner Todeskrankheit gezeichnet war: Der es erlebt, wird es nicht vergessen, was ihm der alte Mann auf dem Krankenlager anvertraute. Er werde sich im letzten Gericht nicht nur fragen lassen, sondern auch selber fragen; er hoffe in Zuversicht, daß ihm dann der Engel die wahre Antwort nicht versagen werde auf die Frage, die ihm kein Buch, auch die Schrift selber nicht, die ihm kein Dogma und kein Lehramt, die ihm keine Theodizee und Theologie, auch die eigene nicht, habe beantworten können: Warum, Gott, zum Heil die fürchterlichen Umwege, das Leid der Unschuldigen, die Schuld?

Was wir hier und heute sagen wollten, war nur die Einsicht, daß Guardini mit Recht keine Antwort auf diese Frage entdecken konnte, war die Überzeugung, daß diese Frage erst durch den Engel beim Gericht werde beantwortet werden können, aber darüber hinaus, daß diese wahre Antwort dann noch einmal der unbegreifliche Gott in seiner Freiheit allein sein müsse und sonst gar nichts, daß also diese Antwort nur vernommen werden könne, wenn wir in bedingungslos anbetender Liebe uns selber an Gott als Antwort weggeben. Wo wir diese Liebe, die sich selber über Gott vergißt, nicht vollbringen, besser: Wo wir diese uns nicht schenken lassen, bleibt nur die nackte Verzweiflung über die Absurdität unseres Leidens, die eigentlich die einzige Form des Atheismus ist, die man ernst nehmen muß.

Es gibt kein seliges Licht, das die finstere Abgründigkeit des Leides erhellt, als Gott selbst. Und ihn findet man nur, wenn man liebend ja sagt zur Unbegreiflichkeit Gottes selbst, ohne die er nicht Gott wäre.

10. Sich betend an Jesus Christus selbst wenden

So kann die letzte Antwort, die ein Mensch auf das Problem des Leidens und des Todes geben kann, nur darin bestehen, daß er sich in liebendem Schweigen der Unbegreiflichkeit Gottes übergibt, in der sich die Frage des Leides verliert. Aber abgesehen davon, daß die früher als nicht genügend erkannten Antworten vorläufiger Art auf das Problem des Leides doch auch ihre Berechtigung behalten, so bleibt auch jetzt noch eine weitere Frage übrig.

Woher nehmen wir die Kraft, in der Dunkelheit des Leides und bei der Ohnmacht, die es in uns wirkt, wirklich die Antwort zu geben, die uns abverlangt wird, eine Antwort, die unsagbar schwer zu sein scheint, obwohl sie nur die schweigend willige Annahme des Leides und seiner Unbegreiflichkeit zu sein scheint. Und woher nehmen wir die letzte Zuversicht, daß unser Ja zur Unbegreiflichkeit Gottes nochmals von Gott angenommen wird als die von Gott mit Gott selbst beantwortete

Antwort Gottes auf das letzte Wort des Menschen?

Der Christ ist in seinem Glauben überzeugt, daß die Antwort, die er auf sein Leidproblem geben muß, nur möglich ist als durch die Gnade gegebener Mitvollzug der Antwort, die Jesus am Kreuz auf die Todesnot gegeben hat, in die er willig versank: „Vater, in deine Hände empfehle ich meinen Geist." Der Christ ist in seinem Glauben davon überzeugt, daß der Auferstandene der Gekreuzigte und Gestorbene ist und umgekehrt, daß also die Antwort voller Übergabe in das Geheimnis Gottes und des Todes wirklich von Gott als ewig gültig und ewig seligmachend angenommen, mit Gott selbst beantwortet ist.

Darum aber ist es auch sinnvoll, nach einer solchen theoretischen Überlegung sich betend an Jesus Christus selbst zu wenden. Denn alle abstrakte Theologie liefe schließlich doch ins Leere, wenn sie sich nicht selber aufheben würde aus Worten *über* die Sache in ein Gebet hinein, in dem vielleicht doch geschehen könnte, worüber vorher nur geredet wurde.

II
Die sieben letzten Worte Jesu am Kreuz

Vorbereitung

Herr Jesus Christus, Heiland und Erlöser, ich knie vor deinem gebenedeiten Kreuz. Ich will meinen Geist und mein Herz öffnen für die Betrachtung deines heiligen Leidens. Ich will dein Kreuz vor meine arme Seele stellen, damit ich wieder ein wenig besser begreife und mir zu Herzen nehme, was du getan und gelitten hast und für wen du gelitten hast. Deine Gnade stehe mir bei, daß ich die Stumpfheit und Gleichgültigkeit meines Herzens abschüttle, daß ich wenigstens für eine halbe Stunde meinen Alltag vergesse, damit meine Liebe, meine Reue und Dankbarkeit bei dir verweilen. König der Herzen, deine gekreuzigte Liebe umfange mein schwaches, armes, müdes und verdrossenes Herz. Gib ihm ein innerliches Empfinden für dich. Weck auf in mir, was ich in mir vermisse: Anteilnahme an dir, Liebe zu dir, Ernst und Treue, die aushalten in der Betrachtung deines heiligen Leidens und Sterbens.

Ich will deine sieben letzten Worte am Kreuz betrachten, deine letzten Worte, bevor du, Wort Gottes von Ewigkeit zu Ewigkeit, auf dieser Erde im Tode verstummtest. Du hast sie mit deinen verdursteten Lippen aus qualerfülltem Herzen gesprochen, diese Herzensworte am Ende von allem. Du hast sie allen gesagt. Du hast sie auch mir gesagt. Laß sie eindringen in mein Herz. Ganz tief. Ganz innerlich. Damit ich sie begreife. Damit sie nicht mehr vergessen werden, sondern leben und Kraft in meinem toten Herzen werden. Sprich sie darum selber zu mir. So, daß ich den Klang deiner Stimme vernehme.

Einmal wirst du in meinem Tod und nach meinem Tod zu mir sprechen. Und diese Worte werden ein ewiger Anfang oder ein endloses Ende sein. O Herr, laß mich dann in meinem Tod Worte deines Erbarmens und der Liebe hören, die ich nicht überhören werde. Laß mich darum jetzt deine letzten Worte am Kreuz in ein williges Herz aufnehmen.

Erstes Wort

Vater, vergib ihnen, denn sie wissen nicht, was sie tun

Lk 23, 34

Du hängst am Kreuz. Sie haben dich angenagelt. Von diesem Pfahl zwischen Himmel und Erde kommst du nicht mehr weg. Die Wunden brennen in deinem Leib. Die Dornenkrone martert dein Haupt. In deinen Augen schwimmt das Blut. Die Wunden deiner Hände und Füße sind, als seien deine Glieder durchbohrt von einem glühenden Eisen. Und deine Seele ist ein Meer von Trauer, Schmerz und Hoffnungslosigkeit.

Die das alles angerichtet haben, stehen unter deinem Kreuz. Sie gehen nicht weg, um dich wenigstens allein sterben zu lassen. Sie bleiben. Sie lachen. Sie finden, daß sie recht haben und daß eben dein Zustand der augenscheinlichste Beweis dafür ist: ein Beweis, daß, was sie dir antaten, Erfüllung heiligster Gerechtigkeit, ein Gottesdienst ist, auf den sie stolz sein dürfen. Und darum lachen sie. Sie spotten, sie lästern. Und über dir schlägt, entsetzlicher als aller Schmerz des Leibes, die Verzweiflung über solche Bosheit zusammen. Gibt es Menschen, die solcher Gemeinheit fähig sind? Wo ist noch zwischen dir und ihnen irgendein Gemeinsames? Darf ein Mensch einen anderen so zu Tode quälen? Mit Lüge, Gemeinheit, Verrat, Heuchelei und Tücke so zu Tode quälen und dabei noch den Schein des Rechtes für sich haben und die Miene des Unschuldigen und die Pose des sachlichen Richters? Und Gott läßt das in seiner Welt geschehen? Und der Feinde Lachen und Hohn darf frisch und siegesbewußt in Gottes Welt hineindringen? Ach Herr, *unser* Herz wäre zerbrochen in rasender Verzweiflung. Wir hätten den Feinden geflucht und Gott dazu. Wir hätten aufgeheult und mit der Hand wie wahnsinnig am Nagel gezerrt, um noch einmal die Faust ballen zu können.

Du aber sagst: Vater, vergib, denn sie wissen nicht, was sie tun. Du bist unbegreiflich, Jesus. Wo ist in deiner zermarterten, vom Schmerz zerwühlten Seele noch ein

Platz, auf dem dieses Wort erblühen kann? Du bist unbegreiflich. Du liebst deine Feinde. Du empfiehlst sie deinem Vater. Du betest für sie. Ach, Herr, wenn es nicht lästerlich ist zu sagen: Du entschuldigst sie mit der unwahrscheinlichsten Entschuldigung, die es gibt – sie hätten es nicht gewußt. Sie haben doch alles gewußt. Sie haben doch alles nicht wissen *wollen*! Und was man nicht wissen will, das weiß man im tiefsten, verhohlenen Verließ des Herzens ja doch. Aber man haßt es, und darum will man es nicht hervorkommen lassen ins klare Bewußtsein. Und du sagst, sie wissen nicht, was sie tun. Eins aber haben sie wirklich nicht gewußt: deine Liebe zu ihnen, denn diese Liebe kann nur der kennen, der selbst dich liebt. Denn nur der Liebe geht das Verständnis für geschenkte Liebe auf.

Sprich auch über meine Sünde das Vergebungswort deiner unbegreiflichen Liebe. Sag auch für mich dem Vater: Verzeih ihm, denn er weiß nicht, was er tat. Zwar hab' ich es gewußt. Alles. Aber deine Liebe doch nicht.

Laß mich auch an dein erstes Wort am Kreuze denken, wenn ich gedankenlos im Vaterunser behaupte, ich vergebe meinen Schuldigern. O mein Gott am Kreuz der Liebe: Ich weiß nicht, ob mir wirklich jemand etwas schuldig ist, das ich ihm vergeben könnte. Aber auch so braucht es *deine* Kraft, um denen zu verzeihen, von Herzen zu vergeben, die mein Stolz und meine Ichsucht als Feinde empfinden.

Zweites Wort

Wahrlich, ich sage dir, heute wirst du mit mir im Paradiese sein

Lk 23,43

Du bist in der Todesnot – und hast immer noch Platz in deinem von Qual bis zum Rand erfüllten Herzen, Platz für fremdes Leid. Du bist am Sterben – und sorgst dich für einen Verbrecher, der selbst noch in seiner Qual zugeben muß, daß seine höllische Todesmarter für das Böse seines Lebens nicht zuviel der gerechten Strafe ist. Du siehst deine Mutter – und sprichst zuerst einmal mit dem verlorenen Sohn. Dich würgt die Gottverlassenheit – und du sprichst vom Paradies. Deine Augen werden dunkel in der Nacht deines Sterbens, aber sie sehen dennoch das ewige Licht. Im Sterben ist man allein mit sich beschäftigt, weil man ja allein gelassen und verlassen ist. Du aber sorgst dich um die Seelen, die mit dir einziehen sollen in dein Reich. O allbarmherziges Herz! O starkes und tapferes Herz!

Ein erbärmlicher Verbrecher bittet dich um ein Gedenken. Und du versprichst ihm das Paradies. Wird alles neu, wenn du stirbst? Wird ein Leben von Sünde und Laster so rasch verwandelt, wenn du ihm nahst? Wenn du die Wandlungsworte über ein Leben sprichst, werden selbst die Sünden und die abscheulichen Gemeinheiten eines Verbrecherlebens noch begnadigt und verwandelt, daß nichts mehr hindert am Eingang in den heiligen Gott.

Siehe, ein bißchen guten Willen hätten wir ja auch solch einem Rohling und Verbrecher zugestanden, so viel, daß er am Äußersten vorbeikommt. Aber die bösen Gewohnheiten, die lasterhaften Triebe, die Roheit und der Schmutz, die Gewöhnlichkeit: das alles geht doch nicht schon weg durch ein bißchen guten Willen und eine kurze Galgenreue! Ein solcher kommt doch nicht so schnell in den Himmel wie die Büßer und die lange Geläuterten, wie die Heiligen, die nichts taten als Leib und Seele zu heiligen und würdig zu machen für den dreimal heiligen Gott! Du aber sprichst das Allmachtwort deiner Gnade. Und es dringt in das Herz des Schächers, und es verwandelt das Höllenfeuer seiner Todesnot in die läuternde Flamme göttlicher Liebe, die in einem Augenblick alles verklärt, was als Werk deines Vaters noch in ihm war, und alles verzehrt, was in diesem Leben als böse Schuld der Kreatur sich gegen Gott versperrte. Und der Schächer geht mit dir ein ins Paradies deines Vaters.

Wirst du auch mir die Gnade geben, daß ich nie den Mut verliere, kühn von deiner Güte alles zu verlangen, alles zu erwarten? Den Mut zu sagen, und wäre ich auch der verworfenste Verbrecher: Herr, gedenke meiner, wenn du in dein Reich kommst!

O Herr, laß dein Kreuz aufgerichtet sein an meinem Sterbebett. Und dein Mund soll auch zu mir sprechen: Wahrlich, ich sage dir, heute noch wirst du mit mir im Paradies sein. Dieses Wort selbst mache mich würdig, daß ich, ganz geheiligt und entsündigt durch die läuternde Kraft des Todes mit dir und in dir, eingehe in das Reich deines Vaters.

Drittes Wort

Weib, siehe da deinen Sohn; Sohn, siehe da deine Mutter

Joh 19,26

Jetzt im Tod war die Stunde gekommen, da deine Mutter wieder bei dir sein durfte. Jetzt, wo keine Wunder erbeten wurden, sondern gestorben werden mußte, da durfte die dabeisein, zu der du gesagt hattest: Weib, was ist dir und mir? Meine Stunde ist noch nicht gekommen (Joh 2,4). Jetzt ist die Stunde da, wo der Sohn und die Mutter verbunden sind. Und diese Stunde ist die Stunde des Abschieds, die Stunde des Sterbens. Die Stunde, da der Mutter, die Witwe war, der einzige Sohn genommen wird.

Und so sieht dein Auge noch einmal die Mutter. Du hast dieser Mutter nichts erspart. Du warst nicht bloß die Freude ihres Lebens. Du warst auch die Bitterkeit und das Leid ihres Lebens. Aber beides war deine Gnade, denn beides war deine Liebe. Und weil sie in beidem zu dir hielt und dir diente, darum liebst du sie. Denn darin ist sie eigentlich erst ganz deine Mutter geworden. Denn Bruder, Schwester, Mutter sind dir die, die den Willen deines Vaters tun, der im Himmel ist. In deiner Qual ist deine Liebe auch noch wach für die Zärtlichkeit, die auf dieser Erde schwingt zwischen einem Sohn und seiner Mutter. Denn durch deinen Tod sind auch diese zarten, köstlichen Dinge dieser Erde geweiht und geheiligt, die die Herzen weich machen und die Erde schön. Diese Dinge sterben in deinem Herzen, selbst in deinem im Tod zermalmten Herzen, nicht. Und darum sind sie gerettet für den Himmel. Darum wird auch eine neue Erde sein, weil du im Tod auch die Erde geliebt hast, weil du noch im Sterben für unser ewiges Heil gerührt warst über die Tränen, die eine Mutter weint, weil du noch im Untergang für das irdische Wohl einer Witwe sorgtest und einem Sohn eine Mutter und einer Mutter einen Sohn schenktest.

Aber sie stand ja unter deinem Kreuz nicht bloß mit dem einsamen Schmerz einer Mutter, der man den Sohn tötet. Sie stand da in *unserem* Namen. Sie stand da als die Mutter aller Lebendigen. Sie opferte den Sohn für uns. Sie sprach in unserem Namen ihr „Mir geschehe" zum Tod des Herrn. Sie war die Kirche unter dem Kreuz, sie war das Geschlecht der Kinder Evas, sie kämpfte mit im Weltenkampfe zwischen der Schlange und dem Sohn des Weibes. Und wenn darum diese Mutter dem Jünger der Liebe gegeben ist, dann hast du uns allen deine Mutter gegeben.

Sohn, Tochter, siehe da deine Mutter, sagst du auch mir. O Wort ewigen Vermächtnisses! Unter deinem Kreuz, o Jesus, steht als liebender Jünger nur, wer von jener Stunde an deine Mutter zu sich nimmt. Und alle Gnaden deines Sterbens teilen ihre mütterlichen, reinen Hände aus. Verleihe uns die Gnade, deine Mutter zu lieben und sie zu ehren. Sag auch zu ihr, indem du auf mich Armen schaust: Frau, sieh da deinen Sohn; Mutter, sieh da deine Tochter.

Ein reines, jungfräuliches Herz sollte im Namen der Welt das Jawort geben zur Hochzeit des Lammes mit seiner Braut, der

Kirche, der in deinem Blut erkauften und gereinigten Menschheit. Wenn ich mich von dir diesem Herzen deiner Mutter anvertrauen lasse, wird dein Tod an mir nicht verlorengehen, werde ich dabeisein, wenn der Tag deiner ewigen Hochzeit anbricht, an dem alle Schöpfung als ewig verklärte dir verbunden wird in Ewigkeit.

Viertes Wort

Mein Gott, mein Gott, warum hast du mich verlassen?

Mt 27,46

Es naht sich dir der Tod. Nicht das Ende des Leibeslebens, das Erlösung und Friede ist. Sondern der Tod, der die letzte Tiefe, die unvorstellbare Tiefe der Zerstörung und der Not ist. Es naht der Tod, der Entleerung, grauenvolle Ohnmacht, zermalmende Öde ist. Wo alles weicht, wo alles flieht, wo nichts mehr ist als eine Verlassenheit, die brennend und unsagbar tot zumal ist. Und in dieser Nacht des Geistes und der Sinne, in dieser Leere des Herzens, in dem alles verbrannt ist, ist deine Seele immer noch im Gebet, wird diese grauenhafte Öde eines im Schmerz verbrannten Herzens in dir ein einziger Ruf zu Gott. O Gebet des Schmerzes, der Verlassenheit, der abgründigen Ohnmacht, Gebet des verlassenen Gottes, sei selber angebetet. Wenn du, Jesus, in solcher Not betest, wo ist da noch ein Abgrund, aus dem man nicht zu deinem Vater rufen dürfte? Wo ist eine Verzweiflung, die nicht, in deiner Verlassenheit geborgen, selbst zum Gebet werden könnte? Wo ist ein Verstummen in Qual, das nicht wissen müßte, daß solcher stummer Schrei noch gehört wird mitten im Jubel des Himmels?

Um deine Not zu sagen, um das Gebet deiner grenzenlosen Verlassenheit zu beten, hast du den 21. Psalm zu beten begonnen. Denn deine Worte „Gott, mein Gott, warum hast du mich verlassen?“ sind der erste Vers dieses uralten Klageliedes, das dein heiliger Geist selbst einst als Schrei der Not dem alttestamentlichen Frommen ins Herz legte. So hast also auch du, wenn ich wagen darf, so zu sprechen, in der ärgsten Qual nichts beten wollen, als was schon Abertausende vor dir gebetet haben. Du hast gleichsam bei deiner eigenen hohen Messe, da du dich selbst darbrachtest als ewiges Opfer, selbst in schon liturgisch geprägten Worten gebetet, und in solchen Worten hast du alles sagen können. Lehr mich in den Worten deiner Kirche so zu beten, daß sie zu Worten meines Herzens werden.

Fünftes Wort

Mich dürstet

Joh 19,28

Der Evangelist Johannes, der es selbst gehört hat, erzählt von diesem deinem Wort: Da du wußtest, daß nun alles vollbracht sei, sprachst du, damit die Schrift erfüllt werde: Mich dürstet. Auch hier hast du ein Schriftwort aus den Psalmen bestätigt, das der Geist Gottes prophetisch schon von deinem Leiden vorausgesagt hatte. Denn im selben 21. Psalm wird von dir gesagt: Vertrocknet wie eine Scherbe ist meine Kraft, und die Zunge klebt mir am Gaumen. Und im Psalm 69,22 heißt es von dir: Sie haben mich Essig trinken lassen in meinem Durst.

O du Knecht des Vaters, gehorsam bis in den Tod, den Tod am Kreuz, du schaust über alles, was dich trifft, hinweg auf das, was dich treffen *soll*, über alles, was du tust, auf das, was du tun sollst, über alle Tatsachen auf die Pflicht. Du bist gewissermaßen ängstlich bedacht – auch noch in der Todesangst, die sonst den Geist verdunkelt und die klare Besinnung raubt –, daß alles in deinem Leben übereinstimme mit dem ewigen Bild, das vor dem Geiste deines Vaters stand, da er dich dachte. Und so achtest du eigentlich nicht auf den namenlosen Durst deines ausgebluteten, mit brennenden Wunden bedeckten, nackten und der glühenden orientalischen Mittagssonne ausgesetzten Leibes. Du stellst vielmehr, du bis in den Tod den Willen des Vaters Liebender, mit einer fast unbegreiflichen, anbetungswürdigen Demut fest: Ja, auch das ist erfüllt, was als Wille des Vaters schon der Propheten Mund von mir geweissagt hat; ja wahrhaftig, ich dürste. O königliches Herz, dem auch die Qual, die deinen Leib verbrennt in sinnlosem Wüten, nur ist die Erfüllung eines Auftrags von oben!

Aber so hast du ja dein ganzes Leiden aufgefaßt mit seiner grausamen Härte. Auftrag war es, nicht blindes Schicksal, Wille des Vaters, nicht Bosheit der Menschen; Heilstat deiner Liebe, nicht Meintat der Sünder. Du gingst unter, damit wir gerettet werden; du starbst, damit wir leben; du hast gedürstet, damit wir Erquickung fänden an den Wassern des Lebens. Du branntest im Durst, damit aus deiner durchbohrten Seite vom Herzen her flösse der Born des lebendigen Wassers. Zu ihm hast du eingeladen, da du am Laubhüttenfest mit lauter Stimme schriest: Wer dürstet, der komme zu mir, und es trinke, wer glaubt an mich; denn Ströme lebendigen Wassers des Geistes werden fließen aus dem Herzen des Messias (Joh 7,37f).

Du hast Durst gelitten um mich, du dürstest nach meiner Liebe und nach meinem Heil: wie der Hirsch nach den Wasserquellen dürstet meine Seele nach dir.

Sechstes Wort

Es ist vollbracht

Joh 19,30

Du hast eigentlich gesagt: Es ist vollendet. Ja, Herr, dein Ende ist da. Das Ende deines Lebens. Das Ende deiner Ehre, deiner menschlichen Hoffnung, das Ende deines Kampfes und deiner Arbeit. Alles ist vorbei und vorüber. Alles ist leer geworden. Und dein Leben ist zerronnen. Hoffnungslos und ohnmächtig. Aber dieses Ende ist deine Vollendung. Denn das Ende in Treue und Liebe ist Vollendung. Und dein Untergang ist dein Sieg.

O Herr, wann werde ich das einmal begriffen haben, dieses Gesetz deines und darum auch meines Lebens? Das Gesetz, daß Tod Leben, Selbstverleugnung Selbstgewinn, Armut Reichtum und Schmerz Gnade ist, daß das Ende in Wahrheit die Vollendung ist?

Ja, du hast vollendet. Vollendet ist der Auftrag, den dir der Vater gegeben hat.

Getrunken ist der Kelch, der nicht vorübergehen sollte. Erlitten der Tod, der schrecklich war. Vollbracht ist die Erlösung der Welt. Besiegt ist der Tod. Überwunden ist die Sünde. Ohnmächtig ist geworden die Macht der Geister der Finsternis. Aufgetan ist das Tor des Lebens. Gewonnen ist die Freiheit der Kinder Gottes. Wehen kann jetzt der brausende Geist der Gnade. Und schon fängt die finstere Welt an, langsam morgendlich zu glühen in der Glut deiner Liebe, und nur eine kleine Weile – die kleine Weile, die wir die Weltgeschichte nennen –, und sie brennt auf zur hellen Glut des Feuers deiner Gottheit, und alle Welt wird eingetaucht sein im seligen Flammenmeer deines Lebens. Es ist alles vollbracht.

Vollende auch mich in deinem Geiste, du Vollbringer aller Welt, du Wort des Vaters, das im Fleisch und seiner Marter alles vollendet hat.

Werde auch ich einmal sagen dürfen am Feierabend meines Lebens: Es ist vollbracht; ich habe den Auftrag erfüllt, den du mir gegeben hast? Werde auch ich dein hohepriesterliches Gebet dir nachbeten dürfen, wenn die Schatten des Todes auf mich fallen: Vater, die Stunde ist gekommen … Ich habe dich auf Erden verherrlicht, indem ich das Werk vollbracht, das zu vollbringen du mir aufgetragen hattest. Vater, verherrliche mich nun bei dir (Joh 17,1)? O Jesus, mag der Auftrag, den der Vater mir gegeben hat, sein, wie er will – groß oder klein, süß oder bitter, Leben oder Tod: gib, daß ich ihn vollbringe wie du, der du alles, auch mein Leben, schon vollbracht hast, damit ich es vollbringen könne.

Siebtes Wort

Vater, in deine Hände befehle ich meinen Geist

Lk 23,46

O Jesus, du Verlassenster, du vom Schmerz Zerrissener, du bist am Ende. An jenem Ende, wo einem alles genommen wird, selbst die Seele und das freie Ja oder Nein, wo man also sich selbst genommen wird. Denn das ist der Tod. Wer nimmt – oder was nimmt? Nichts? Das blinde Schicksal? Die erbarmungslose Natur? Nein, der Vater! Gott, der Weisheit und Liebe ist. Und darum läßt du dich dir selber nehmen. Du gibst dich selber vertrauensvoll hin in jene unsichtbaren, leisen Hände, die wir ungläubige, um unser Ich bange Menschen als den plötzlich zugreifenden, unbarmherzigen Würggriff des blinden Schicksals und des Todes empfinden. Du weißt, es sind die Hände des Vaters. Und noch deine im Tod dunkel gewordenen Augen sehen den Vater, sie schauen in das große, ruhige Auge seiner

Liebe, und dein Mund spricht das letzte Wort deines Lebens: Vater, in deine Hände befehle ich meinen Geist.

Alles gibst du ihm, der dir alles gab. Alles legst du ohne Sicherung und Vorbehalt in die Hände deines Vaters. Ach, es ist viel, und es ist schwer und bitter. Und du hast es allein tragen müssen, was die Last deines Lebens war: die Menschen, ihre Gemeinheit, deinen Auftrag, dein Kreuz, die Erfolglosigkeit und den Tod. Aber jetzt ist das Tragen vorbei. Denn jetzt darfst du alles und dich selbst in die Hände des Vaters legen. Alles. Diese Hände tragen so gut und so zart. Wie Mutterhände. Sie umfassen deine Seele, wie man einen kleinen Vogel behutsam und liebend in den Händen einschließt. Jetzt ist nichts mehr schwer, sondern alles leicht, und alles ist Licht und Gnade. Und alles ist Geborgenheit am Herzen Gottes, wo man alles Schwere ausweinen kann und der Vater dem Kind die Tränen von den Wangen küßt.

O Jesus, wirst du auch einmal meine arme Seele und mein armes Leben in die Hände des Vaters legen? Leg dann alles, die

Last meines Lebens, die Last der Sünde nicht auf die Waagschalen des Gerichtes, sondern in die Hände des *Vaters*.

Wohin soll ich fliehen, wo soll ich mich bergen, wenn nicht bei dir, du Bruder meiner Bitterkeiten, du Ausleider meiner Sünden? Sieh, ich komme heute zu dir. Ich knie unter deinem Kreuz. Ich küsse die Füße, die unhörbar und unbeirrbar mir auf den wirren Wegen meines Lebens folgen mit blutigem Schritt. Ich umfasse dein Kreuz, Herr ewiger Liebe, Herz aller Herzen, du durchbohrtes Herz, du langmütiges und unsagbar gütiges Herz. Erbarme dich meiner. Nimm mich in deine Liebe auf. Und wenn einmal das Ende meiner Pilgerschaft anbricht und der Tag sich neigt, die Schatten des Todes mich umgeben, dann sprich auch zu meinem Ende dein letztes Wort: Vater, in deine Hände befehle ich seinen Geist. O guter Jesus. *Amen*.